Couverture inférieure manquante

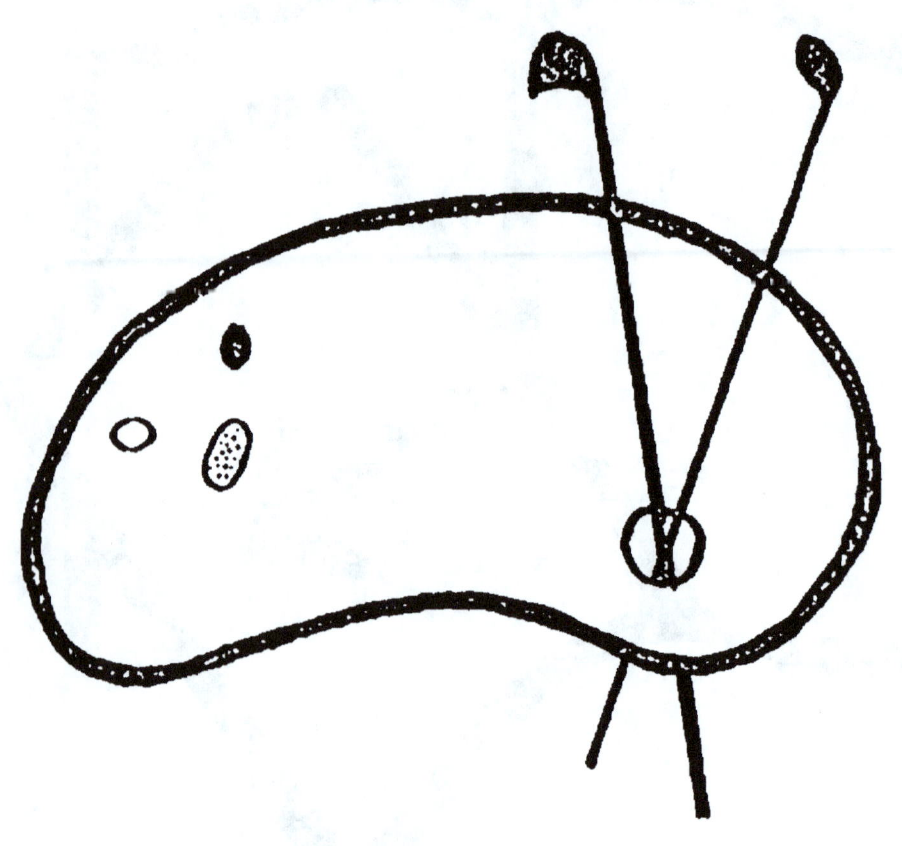

DEBUT D'UNE SERIE DE DOCUMENTS
EN COULEUR

LA

GRANDE-CHARTREUSE

AURILLAC,

IMPRIMERIE DE L. BONNET - PICUT,

IMPRIMEUR DE LA PRÉFECTURE.

—

1869

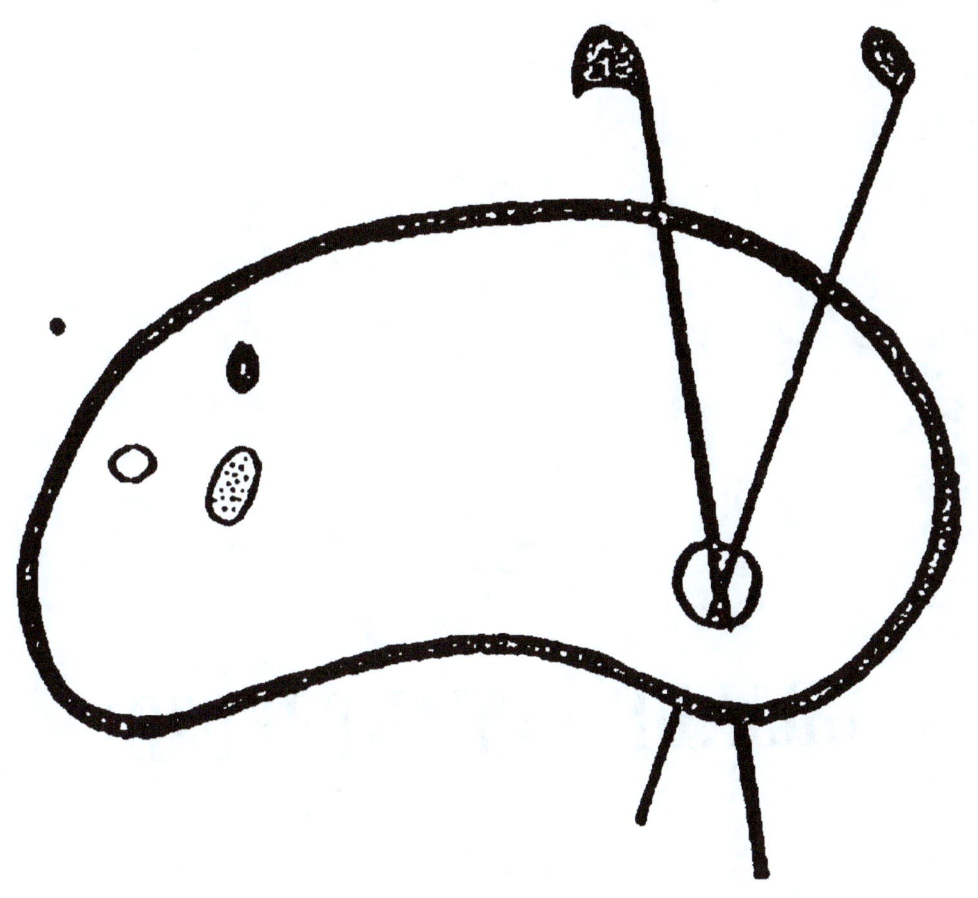

FIN D'UNE SERIE DE DOCUMENTS
EN COULEUR

GRANDE - CHARTREUSE

LA
GRANDE-CHARTREUSE

Du Mont-Blanc se détachent plusieurs branches importantes de montagnes, qui ont elles-mêmes des rameaux considérables. Le chaînon le plus septentrional qui court le long de la rive droite de l'Isère vient expirer au nord de Grenoble, en formant un large massif appelé le *Désert de la Grande-Chartreuse.* Ce massif, qui couvre de ses ombres le célèbre monastère auquel il donne son nom, s'épanouit sur une superficie de 8,000 hectares de hautes futaies, parsemée de verdoyantes prairies. Par la richesse de sa végétation et le luxe de son feuillage, il ressemble à une ramification des forêts scandinaves ou des forêts vierges de l'Amérique. C'est une véritable oasis à l'une des extrémités de la grande chaîne des Alpes, dont les sommets sont partout découronnés. Pour la magnificence et la splendeur des sites, cette solitude est incomparable. Aussi, chaque année, au retour du printemps, est-ce un flux et reflux perpétuel de touristes accourus de tous les pays pour admirer les mêmes beautés et s'extasier des mêmes merveilles. Vous diriez le pèlerinage le plus fréquenté. En général, dans la description des paysages, comme dans la description des monuments, on exagère la vérité en l'embellissant des charmes de son imagination. Le lecteur, qui aime naturellement le merveilleux, accepte sur parole ces tableaux enchanteurs. Mais bientôt quand, touriste à son tour, il contemple ces mêmes lieux, il trouve pâles et décolorées les images qu'on lui avait représentées vives et riantes, bornés les horizons qu'on lui avait décrits splendides, et son admiration se change en désenchantement. Ainsi s'évanouissent presque toujours nos rêves et s'effeuillent une à une toutes nos illusions. Nous ne saurions éprouver ce sentiment à la Grande-Chartreuse : la réalité est plus riche que la plus brillante des fictions. Nous n'avions point rêvé un voyage aussi intéressant et aussi instructif. L'artiste, en effet, y trouve de sublimes inspirations, le poëte de nobles pensées; le prêtre surtout des leçons et des exemples qu'il ne peut oublier; et tous, de douces émotions qui tempèrent les tristesses de cette vie où les choses sont pleines de misères, dit St-Augustin, et l'espérance vide de bonheur : *Rem plenam miseriæ spem beatitudinis inanum.* La terre raconte la gloire du Seigneur, s'écrie quelque part le Psalmiste. Redire donc quelques-unes des merveilles de la Grande-Chartreuse, n'est-ce pas glorifier Dieu qui les a faites? Seule fin que je me propose en venant raconter dans quelques pages rapides mes souvenirs et impressions de voyage; et si aimer, c'est la moitié de croire, comme a dit le poëte, admirer, n'est-ce pas la moitié d'adorer?

Si mes bienveillants lecteurs me le permettent, nous partirons de Lyon, la ville par excellence des bonnes œuvres et des grands dévoûments. Obéissant au génie de l'homme, à qui Dieu a soumis tous les éléments, la vapeur frémissante mais docile nous emporte sur ses ailes de feu. C'est à peine si nous pouvons jeter un coup-d'œil rapide sur ces campagnes baignées de lumière et de chaleur du Dauphiné, où la fertilité du sol le dispute à la pureté du ciel et à la douceur du climat. C'est, en effet, une de ces contrées privilégiées où la nature se plait à étaler toutes ses magnificences. Peu de pays en France sont aussi riches en productions variées et en sites pittoresques.

En quelques heures nous arrivons à *Voiron*, au centre du département de l'Isère. Nous aurons bientôt franchi la distance qui nous sépare de *Saint-Laurent*, village bâti au pied du désert de la *Grande-Chartreuse*. Il semble que les chevaux, qui font le service de *Chambéry*, veulent rivaliser de vitesse avec les chars embrasés qui volent parallèlement vers *Grenoble*, de l'autre côté de la montagne. Au sortir de *Voiron*, ville commerçante et industrielle, la route court vers un amphithéâtre formé de collines, d'où l'on jouit d'une vue magnifique. Nous traversons ensuite le défilé du *Grand-Crossey*, long de 2 kilomètres, resserré entre des rochers à pic d'une hauteur prodigieuse. La nature opposait des obstacles qui avaient paru longtemps insurmontables : l'art a fini par débrouiller ce chaos et éxécuter des travaux admirables. Tout à coup, l'horizon s'élargit, la vallée devient plus riante. C'est comme la mise en scène du ravissant spectacle qui va se dérouler devant nous. Il est à remarquer que tout ce qui touche de près à la Grande-Chartreuse participe de la richesse de sa végétation.

Comme aucun de mes compagnons de voyage n'arrive de la Grande-Bretagne et n'a l'honneur de siéger au Parlement ou à la Chambre des communes, nous ne prendrons à *Saint-Laurent* ni mulets, ni guide. C'est un luxe dont nous pouvons nous passer. Pourquoi enchaîner sa liberté lorsqu'on va visiter une solitude? D'ailleurs, nous contemplerons plus à notre aise ces splendides panoramas, ces scènes grandioses qui vont se succéder à chaque pas avec une profusion et une variété de décors qui lassera notre admiration.

En quittant *Saint-Laurent*, nous suivrons le chemin qui oblique vers le sud, pour remonter la rive gauche du *Guiert-Mort*, jusqu'à ce que s'ouvre devant nous la porte de *Fourvoirie*, la première et la plus solennelle entrée du désert. A peine sommes-nous engagés dans cette gorge profonde, la plus solitaire et la plus pittoresque des Alpes, que l'émotion nous gagne, la parole expire sur nos lèvres à mesure que le sentiment déborde de notre cœur. Il est d'expérience que l'homme reste muet devant les grands spectacles comme en face des grandes douleurs. Ces deux sentiments contraires, la joie vive et l'excessive tristesse, ne produiraient-ils pas la même impression, parce qu'ils éveillent les mêmes images, des pensées communes, le souvenir du bonheur dont jouissait l'homme avant sa désobéissance et l'écho toujours sensible des foudres qui ont brisé son berceau ? — Le premier besoin que nous éprouverons, ce sera de bénir Dieu qui a prodigué dans ce désert tant de magnificence. Nulle part, en effet, le regard ne rencontre une végétation plus belle, des chênes plus majestueux, des hêtres plus touffus, des gazons plus frais, des eaux plus limpides. Là, point de sommets dénudés, mais partout des cimes boisées. On dirait ces forêts mystérieuses, inaccessibles qu'a chantées le poëte italien ; seulement nous avons devant nous réalisé l'idéal qu'avait rêvé *le Tasse*. De tous côtés, les perspectives, les accidents, les contrastes du paysage le plus pittoresque. Ici, c'est une cascade qui s'échappe à grand bruit d'un rocher, pour s'épandre en nappes ondoyantes et rejaillir sous les feux du soleil en étincelles du diamant de la plus belle eau. Là, c'est un torrent qui roule dans des gouffres sans fond la rapidité fougueuse de ses flots. Ici, la vallée se rétrécit, là elle se dilate. Tout-à-l'heure nous marchions entre des remparts de rochers perpendiculaires, maintenant nous nous avançons sous des rochers qui surplombent. Plus loin, le chemin s'escarpe, se plie et se replie sur des précipices, pour disparaître dans des galeries creusées dans le roc, où l'eau s'infiltre froide, glacée. S'il est midi et que le soleil ne soit pas intercepté par un rideau de nuages, nous serons ensuite dévorés de ses rayons les plus chauds. Mais la Providence a tout disposé avec force et suavité dans cette délicieuse solitude, et nous trouverons à souhait un ruisseau et un frais ombrage. Ce spectacle incomparable se prolonge pendant trois heures pour atteindre toute sa splendeur au monastère : on va d'enchantement en enchantement ; l'admiration n'a plus de borne. Arrivés à un endroit plus abrupte, labyrinthe impénétrable, nous franchissons le Guiers-Mort, que nous laisserons désormais à gauche sur le pont de Saint-Bruno, d'une seule arche, jeté sur un abîme. Plus loin, nous rencontrons un rocher qui a la forme d'un obélisque, sur lequel s'élevait jadis un fort dont il ne reste que des ruines. C'était le fort de l'Œillette, qui a été démoli à l'époque des guerres de religion. Pour la première fois, l'écho nous renvoie le son des cloches du couvent. C'est assez pour que nous oublions les fatigues d'une marche de 10 kilomètres, par un chemin pénible qui s'étage depuis Saint-Laurent.

Encore quelques pas, et les arbres s'écartent : la Grande-Chartreuse nous est apparue à une hauteur de 1,013 mètres, adossée à une prairie sensiblement inclinée vers le sud-ouest.

Comme, à cette vue, on s'associe au brillant écrivain qui a pénétré si avant dans les sources vives du christianisme et en a redit les divines harmonies dans un style inimitable, lorsqu'il s'écrie : « Les monuments « ordinaires reçoivent leur grandeur du paysage qui les « environne ; la religion chrétienne embellit au con- « traire le théâtre où elle place ses autels et suspend « ses saintes décorations. » Enlevons, en effet, par l'imagination le monastère qui se dresse si majestueusement devant nous, les arbres conserveront sans doute leur ombre et leurs mystères, les rochers leurs crêtes aiguës, les vallées leurs abîmes, les torrents leurs eaux retentissantes, les ruisseaux leur mélodie ; et cependant il n'y a plus d'ensemble, plus d'harmonie. Ce sera, si vous le voulez, une toile magnifique, mais la pensée du maître ne vivra pas tout entière dans ce tableau : nous n'aurons qu'une ébauche. Ce spectacle qui, tantôt nous ravissait d'admiration, nous étonne encore, mais c'est presque de l'effroi qu'il nous inspire. Cette solitude nous trouble, ce silence nous effraie, l'air et l'espace nous manquent.... Au contraire, si notre regard assombri rencontre la Grande-Chartreuse, couronnée de ses six clochers et environnée d'une enceinte de hautes murailles, aussitôt les lignes s'harmonisent ; le tableau s'encadre, s'anime et prend une physionomie moins sévère, plus régulière. Tout s'enchaîne, se coordonne dans une parfaite unité. Vous diriez des rayons partis du même foyer, des rameaux issus de la même tige. Chaque partie converge vers un centre commun, d'où elle emprunte, avec sa raison d'être, sa principale beauté. Le col de la *Ruchère*, revêtu de forêts séculaires jusqu'à son sommet, est là providentiellement, à quelques pas de la Grande-Chartreuse, pour la garantir l'hiver contre les vents glacés du nord, et lui former l'été des guirlandes du plus tendre feuillage. Le *Grand-son* s'étage au midi, avec ses rochers taillés en colonnes, surmontées de chapiteaux sur lesquels courent des frises que l'on prendrait pour le portique d'un temple grec, n'étaient leurs proportions colossales, pour préserver le couvent de la chute des avalanches. Nous reconnaissons que Dieu, qui a jeté les fondements de la terre et creusé l'abîme des mers, a tout disposé à la Grande-Chartreuse en vue de saint Bruno, comme il avait songé à saint Antoine, le père de la vie monastique en Orient, en créant entre le Nil et la mer Rouge la célèbre montagne du *Kolsim*. Dieu n'a-t-il pas tout fait pour le bonheur de ses élus ? — *Omnia propter electos*. Le monde matériel est par conséquent subordonné aux desseins de Dieu sur les âmes ; et de même que la grâce est conférée à chaque homme selon la vocation à laquelle il est appelé, ainsi les lieux revêtent les formes en rapport avec les fins que la divine Providence se propose. Cette vérité deviendra plus saisissante si nous interrogeons l'histoire éclairée des lumières de la foi. Saint Bruno naquit à Cologne, en 1033. Jeune encore, docile au mouvement de la grâce, il vint en France, à la recherche de la solitude qu'il avait rêvée. Les rives du Rhin, avec leurs collines couronnées de châteaux, n'avaient à lui offrir que des vallées riantes et sans proportion avec son âme. Mais Dieu, qui a l'éternité pour lui, ne procède pas comme les hommes, impatients d'agir parce qu'ils sentent que la vie leur échappe. Quand il veut faire quelque chose de grand, il choisit d'abord ce qu'il y a de plus faible pour confondre ce qu'il y a de plus fort; il prend ce qui est le plus vil et le plus méprisable, et même ce qui n'est pas, pour détruire ce qui est, et cela, afin qu'aucune créature ne se glorifie devant lui : c'est une des lois par laquelle il gouverne ce monde. Et ceux qu'il destine ainsi à être les instruments de sa puissance et les dispensateurs de ses miséricordes, il les éprouve encore après les avoir choisis. Il leur fait subir, entre autres épreuves, celle du temps, la plus terrible de toutes les épreuves et le caractère propre de ses œuvres sur la terre. En attendant qu'il les investisse de son autorité, il les éclaire et les sanctifie dans l'étude et la prière. Quand il les juge suffisamment préparés, il les appelle et ils accourent des horizons les plus opposés, par les voies les plus diverses; et, dès qu'il les a marqués de son sceau, il les disperse, avec l'assistance de sa grâce qui ne leur manquera pas, selon les ministères divers qu'il veut bien leur confier. Saint Bruno, que Dieu appelait à être le fondateur d'un ordre, célèbre parmi les plus célèbres, n'échappa point à la loi des humiliations ni à l'épreuve du temps. Il dut s'arrêter à Reims, en Champagne, où il enseigna la théologie plusieurs années. Plus tard, poussé par l'esprit de Dieu, il se dirigea vers les Alpes du Dauphiné, avec six compagnons-résolus, comme lui, à embrasser la vie monastique. Saint Hugues, évêque de Grenoble, à qui saint Bruno communiqua ses projets, les conduisit dans une solitude de son diocèse qu'il avait vue lui-même en rêve. Il avait été transporté en esprit pendant les ténèbres de la nuit, au milieu des montagnes de la Chartreuse, et il lui avait semblé que le Seigneur se construisait un temple magnifique au sein d'un désert sillonné par des avalanches, entouré de sombres forêts, de rochers menaçants, et que sept étoiles brillantes revêtaient cet édifice d'une pure lumière. Saint Bruno et ses compagnóns se bâtirent à cet endroit des cellules et disposèrent un oratoire dans une espèce de grotte, sur les bords d'un torrent.

Absorbés par ces pensées, qui font naître dans nos cœurs des sentiments de foi et d'amour, nous sommes venus frapper au grand portail du monastère. Le frère-portier nous conduit avec empressement chez le père coadjuteur, à travers une cour où se fait entendre le doux murmure de deux jets d'eau, image de la vie calme qui habite ces lieux, où la prière non plus *ne se tait ni jour ni nuit.* Le père coadjuteur, un des dignitaires de la maison, chargé d'assigner aux étrangers les cellules qu'ils doivent occuper et la salle où ils recevront l'hospitalité, nous accueillera avec une bonté touchante et nous resterons frappés de la douceur de son regard et de l'affabilité de sa parole. Ce saint religieux, que j'ai eu le bonheur de voir quelque temps, respire la plus grande distinction, et c'est en vain que dans son humilité il veut cacher le mérite éminent qui le caractérise.

Mais l'homme, en attendant qu'il soit délivré de son corps, à l'exemple de l'Apôtre, ne vit pas seulement d'admiration, même à la *Grande-Chartreuse*. Aussi le père hôtelier nous introduira-t-il dans la salle de Bourgogne, où nous verrons, alimenté de troncs d'arbres, quelque embrasée que soit l'atmosphère, un de ces feux qui nous rappellent les cheminées de nos châteaux du moyen-âge : soin prévoyant, sollicitude dont savent gré les voyageurs, qui ont supporté le poids de la chaleur du jour et que l'humidité des cloîtres pénètre déjà de sa fraîcheur. Les Chartreux font toujours maigre ; les visiteurs, quelle que soit leur dignité, sont soumis au même régime. Les femmes ne sont jamais admises dans l'enceinte du couvent. Logées dans un bâtiment séparé, elles reçoivent l'accueil le plus charitable de la part des religieuses de la Miséricorde qui viennent, à la belle saison, s'installer à la *Grande-Chartreuse*.

Après dîner, nous prierons le père coadjuteur de nous faire visiter le monastère et de nous donner les détails qui pourraient nous intéresser.

« Le couvent primitif avait entièrement disparu sous
« des avalanches et des éboulements. Ce fut en 1133
« que Guignes le Vénérable, alors général de l'ordre,
« le transféra à son emplacement actuel. Reconstruit
« dans de vastes dimensions, au XIIIe siècle, il fut re-

« bâti pour la dernière fois en 1676, à la suite de huit
« incendies qui n'ont épargné que le grand cloître et
« l'enceinte du premier édifice. »

Le monastère se compose de deux bâtiments princi-
paux, reliés par un corridor large et spacieux de 130
mètres de longueur. Les premiers corps de logis sont
consacrés à la réception des étrangers. Ce sont de vastes
salles servant de réfectoires, appelées : salles de *Bourgogne*, de *France*, d'*Allemagne* et d'*Italie*. Au rez-de-
chaussée se trouvent encore le logement du général de
l'ordre, les cellules des officiers, la bibliothèque et
l'église principale. La Grande-Chartreuse possède aussi
plusieurs autres chapelles : celle de *Saint-Louis*, enri-
chie de peintures précieuses qui accusent un pinceau
exercé ; la chapelle des *Morts*, à côté du cimetière ; celle
du *Saint-Sauveur*, détachée du couvent et bâtie à
l'angle nord-est du mur d'enceinte, et la chapelle de
Famille, réservée aux nombreux domestiques employés
à la distillerie, à l'exploitation des fermes et au service
de la maison.

A l'étage supérieur, on voit la grande galerie, ornée
d'une série de vues ou plans d'anciens couvents de
l'ordre : paysages qui retracent les plus affreuses soli-
tudes. Cette galerie communique à la salle capitulaire,
décorée de vingt-deux tableaux de la vie de *saint
Bruno* : ce sont des copies des tableaux de Lesueur,
que l'on admire au musée du Louvre et que l'illustre
peintre aurait, dit-on, lui-même retouchées. On sait
que Lesueur, surnommé le Raphaël français, après
avoir tué en duel un de ses adversaires, s'était retiré à
la *Chartreuse de Paris*, pour apaiser le trouble de sa
conscience. Il dut au calme de cette retraite les inspi-

rations de son *Cloître*. Le dix-septième tableau représente *saint Bruno* refusant l'archevêché de Reggio
que lui offre le pape Urbain II, ancien chanoine de
Reims. Cette toile est admirable. Il y a dans ce regard
déjà illuminé des splendeurs divines, même avant la
vision béatique, je ne sais quelle lumière qui vous
éblouit, et dans ce geste qui vous montre le ciel comme
le but de nos efforts et le prix des combats du Seigneur
vaillamment combattus, une puissance irrésistible qui
vous subjugue. Mais le chef-d'œuvre de la collection,
de l'avis de tous les hommes de l'art, est le vingt-unième
tableau, qui retrace la mort du saint. N'était la pâleur
de son visage, on croirait qu'il prie dans l'extase et le
ravissement. Puis sont placés, par rang de succession,
les portraits des cinquante premiers généraux de l'ordre. Les plus grandes familles de France ont eu l'honneur de compter des membres à la tête de cet illustre
institut, et ce n'est pas leur moindre titre de gloire. De
la salle du chapitre on arrive au grand cloître, éclairé
par cent trente fenêtres, coupé par deux galeries trans-
versales, et qui se déroule sous cent vingt arcades,
mesurant 224 mètres de longueur. Il serait impossible
à deux personnes, placées aux extrémités, de pouvoir
se reconnaître. Tous ceux qui voient ce cloître pour la
première fois sont saisis d'étonnement. Le long des
arcades sont disposées les soixante cellules des religieux, ayant chacune deux chambres, un atelier et un
petit jardin. Les Chartreux ne se réunissent à un réfec-
toire commun que les jours de fête de l'ordre, et encore
le silence, la lecture et la prière sont-ils de toutes les
fêtes. Ils jeûnent huit mois de l'année, couchent sur la
dure et sont continuellement revêtus du cilice. A la

porte des cellules, dans l'épaisseur du mur, est prati-
qué un guichet dans lequel on dépose le modeste et
frugal dîner de chaque religieux. Dispersés en 1792, les
enfants de saint Bruno ne revinrent dans leur chère
solitude qu'en 1816. En rentrant, ils eurent la douleur
de trouver des ruines là où ils avaient laissé des magnificences. Et depuis vingt-quatre ans que les pierres du
sanctuaire pleuraient, parce qu'elles ne résonnaient
plus des accents de la prière, bien des vides aussi
s'étaient faits dans les rangs des Chartreux. Plusieurs,
après avoir souffert pour la justice, étaient allés cueillir
la couronne qui ne se flétrit pas.

Et quand au mois de juillet 1816, D. Romuald Mois-
sonnier, l'un des trois vicaires-généraux élus pour gou-
verner l'ordre après la mort du général D. Nicolas
Geoffroy, décédé à Rome en 1801, convoqua solennel-
lement à la Grande-Chartreuse ceux de ses frères qui
vivaient encore, peu répondirent à son appel. Le plus
grand nombre avaient répondu à l'appel de Dieu. Ce
fut pour tout le Dauphiné un jour de fête que le retour
de ces quelques religieux, nobles vieillards, appesantis
par l'âge et les infirmités, portant dans leurs membres
meurtris le sillon creusé par la souffrance. Qu'ils du-
rent être beaux à voir, s'acheminant vers leur chère
solitude qu'ils avaient tant regrettée, heureux de penser que chaque pas qu'ils faisaient les éloignait du
monde pour les rapprocher du Ciel ! La source de cette
fécondité qui avait amené tant de générations à la
Grande-Chartreuse, n'était point tarie : inépuisable
comme l'amour divin qui l'inspire, elle n'avait fait que
se raviver dans l'exil et l'épreuve. A l'heure qu'il est,
les enfants de saint Bruno ont la consolation de compter

vingt maisons de leur ordre en France, en Suisse et en Italie. Jamais les vocations n'ont été plus nombreuses, et jamais élite semblable à celle de ces jeunes gens, riches d'espérance et d'avenir, qui vont de nos jours ensevelir à la Chartreuse de Grenoble un grand nom et une brillante position. Hier, c'était un lieutenant de vaisseau qui s'y rencontrait avec un officier des zouaves pontificaux, accourus l'un et l'autre de points opposés, mais obéissant à la même voix et répondant à la même vocation.

Nous visiterons avec le plus grand intérêt la bibliothèque, qui possède environ 8,000 volumes. Elle est surtout riche en ouvrages de théologie et commentaires des saintes Écritures. La collection des Pères de l'Église et des annales de l'Histoire ecclésiastique est également très-précieuse. On y trouve aussi, avec les principales productions modernes et quelques manuscrits, des traités de littérature, de physique et de botanique ; à la Chartreuse, nous admirons le bon goût, l'ordre, le luxe même des bibliothèques de la Belgique et de l'Allemagne. Dans tous les pays catholiques, les congrégations religieuses ont leur salon d'honneur : c'est leur bibliothèque ; et quand elles ont le temps de pousser des racines quelque part, elles montrent au visiteur étonné de magnifiques galeries, enrichies surtout des portraits des saints, des savants de leur ordre. La vie des Chartreux est en partie contemplative, en partie vouée à l'étude. Ils ont chaque semaine des conférences où ils traitent les plus grandes questions de la science sacrée. Ainsi revivent ces fortes études qui, pendant plusieurs siècles, avaient fait resplendir de tant d'éclat la *Grande-Chartreuse*, et dont la tradition s'est toujours conservée dans nos universités catholiques.

Comme l'image de la fin de l'homme se retrouve à côté de toutes ses institutions et que partout où est le corps, là est la mort, la *Grande-Chartreuse* a aussi son cimetière que nous parcourrons avec un religieux respect. On ne foule pas, sans de salutaires pensées, la cendre des saints. Mais en vain y chercherions-nous ces titres et ces inscriptions, *vaines marques de ce qui n'est plus, et ces fastueux tombeaux qui semblent,* dit le grand Bossuet, *vouloir porter jusqu'au Ciel le magnifique témoignage de notre néant.* Tout est simple, mais éloquent, dans ce champ du repos : une croix de pierre indique la tombe des généraux de l'ordre, et une croix de bois celle des simples religieux.

Tout homme qui a le sentiment du beau et qui a visité le monastère, voudrait avoir assez de foi pour commander aux vents et aux tempêtes et se donner le spectacle d'un orage déchaîné au sein de cette solitude. Il m'a été donné de jouir de ce spectacle qui emprunte à la solennité du désert une majesté incomparable. Nulle part le tonnerre n'a des accents plus sublimes et des lueurs plus sinistres. C'est bien la grande voix de Dieu planant sur les abîmes, roulant d'écho en écho avec un fracas de plus en plus formidable. Depuis le matin, la chaleur avait été suffocante et l'air embrasé. Vers le soir, des nuages, marbrés de teintes lugubres, engloutirent le soleil dans un océan suspendu. Insensiblement les vents s'éteignirent, les mille voix de la forêt cessèrent de se faire entendre, comme pour rendre plus solennelles les formidables harmonies de la tempête.... L'obscurité devint complète. Bientôt l'électricité se dégagea des nuages par des millions d'éclairs. Rien de plus saisissant que cette nuit profonde, qu'illuminait tout à coup un jour plus terrible encore, de plus majestueux que ce silence interrompu seulement par l'éclat de la foudre. A la fin, les vents emprisonnés mugirent de nouveau, et le ciel se fondit en un déluge de pluie. Ce fut la fin de l'orage. A sept heures, le ciel avait repris sa pureté du matin, et la tempête, en se retirant, n'avait laissé d'autres traces de son passage qu'une plus grande fraîcheur, qu'une vigueur nouvelle dans la végétation.

Il est un spectacle plus émouvant encore, quoique plus calme, dont nous jouirons avant de quitter la *Grande-Chartreuse*. Je veux parler de l'office de la nuit, qui sera l'épisode le plus intéressant de notre voyage. Du haut de la tribune réservée aux étrangers, nous verrons les religieux arriver solitairement, une lanterne à la main, et prendre place au chœur. Quand l'horloge a sonné onze heures, il se fait un profond silence : c'est un recueillement plein de mystère, qui se communique aux assistants. Malheureux celui qui, en ce moment, n'entendrait pas au fond de son cœur la voix de Dieu et ne respirerait pas un parfum de sainteté ! A voir ces religieux en leur immobilité, leurs robes blanches dont ils sont revêtus comme d'un suaire, on dirait ces figures de marbre que le statuaire chrétien nous représente dans l'attitude de la prière. Il n'y a pourtant rien de dramatique ; tout est saisissant, mais simple, grave, solennel. A un signal donné, on entonne sur un mode lent l'invitatoire des Matines, puis on psalmodie l'office des morts à la lueur de vacillantes clartés. Toutes les voix se fondent ensemble, tous les cœurs battent à l'unisson ; toutes ces âmes frémissent et tressaillent des mêmes espérances : c'est la même

voix, la même prière, le même esprit de foi. Instinctivement on se souvient de ces éloquentes paroles du
brillant orateur de Notre-Dame : « Il en est parmi vous,
« Messieurs, qui ont visité quelque communauté reli
« gieuse : que n'ont-ils pas éprouvé en voyant cette
« assemblée d'hommes si divers par leur origine, leur
« âge, leur histoire, leurs souvenirs; celui-ci portant
« au visage la cicatrice des combats, celui-là un front
« illuminé par la splendeur de la pensée... Toutes ces
« vies, enfin, si prodigieusement inégales de naissance
« et de cours et que voilà fondues dans la divine égalité
« d'une même destinée jusqu'à la mort... Ce spectacle
« a frappé au cœur de tous ceux qui l'ont vu. Nul, si
« incrédule qu'il fût, n'a refusé à cet ouvrage de Dieu
« un quart-d'heure de foi et d'admiration... Qu'on dise
« de loin ce qu'on voudra contre un semblable institut,
« nul n'ira frapper à sa porte pour le voir de près sans
« en revenir plus mécontent de soi et sans avoir appris
« sur l'homme et sur Dieu quelque chose qui lui don
« nera plus d'une fois à penser. » Qui pourrait, en effet,
contempler, sans se sentir meilleur, ce calme, cette
paix, cette union dans la foi et la charité, plus admirables que l'attraction des corps dans le monde physique
et l'harmonie des astres roulant dans l'espace, en ordre
de bataille, sans se heurter jamais dans leur course
précipitée? Qui ne serait frappé de tant de vertu et
n'admirerait cette vie d'héroïsme, d'autant plus méritoire et glorieuse, qu'elle s'écoule sous le regard de Dieu
seul, loin des suffrages et de l'approbation des hommes?
L'action de la grâce est sensible au sein de cette solitude.
Pour mourir volontairement au monde dont le moindre
bruit ne viendra plus troubler sa retraite, se résigner à

vivre d'une vie d'étude, de prière et de mortification ; être la nuit toujours fidèle à son poste d'honneur, soit que l'orage gronde, soit que l'hiver sévisse, il ne faut pas seulement à un chartreux un esprit éminemment sérieux, un caractère d'une indomptable énergie, une âme généreuse, il lui faut de plus l'assistance divine, avec le courage que donnent seuls l'amour et la possession de la vérité. De retour dans leur cellule, les religieux récitent l'office de la sainte Vierge et prennent ensuite, après environ quatre heures de veilles, un sommeil de deux ou trois heures.

Mais hélas ! les joies d'ici bas, même les plus pures et les plus légitimes, sont rapides et fugitives. Ce sont les joies de l'exilé : il serait quelquefois tenté de sourire, mais l'image de la patrie vient à passer devant lui, et aussitôt son front s'obscurcit, son regard se voile de tristesse et de larmes. Les visiteurs, ne pouvant séjourner plus de trois jours à la *Grande-Chartreuse*, nous devrons nous arracher à ces lieux si chers, et le cœur ému et reconnaissant, dire adieu à ces bons pères qui nous ont édifiés de leur affectueuse charité. Mes regrets étaient bien partagés par mes compagnons de voyage, hommes de foi et de cœur, à qui Dieu, en récompense, n'a pas ménagé la fortune et le succès. Précédés cette fois d'un guide et armés de bâtons ferrés, nous partirons, en suivant une autre direction que celle de Saint-Laurent. Le désert ne nous a pas encore étalé toutes ses merveilles.

Parvenus au sommet de la prairie qui domine le monastère, nous nous retournerons pour le considérer une dernière fois. Vu de cet endroit, il a la forme d'un amphithéâtre oblong et irrégulièrement ovale. C'est un des aspects les plus grandioses sous lesquels il se présente. De là, un sentier ombragé, se dirigeant vers le plateau qui relie le *Col de la Ruchère* et le *Grand-son*, nous conduit en quarante minutes au berceau même de la *Grande-Chartreuse*, aux lieux sanctifiés par *saint Bruno*. Le bruit d'un torrent nous distrait de notre rêverie et fixe notre attention, et à l'instant même nous apparaît, encadrée d'un massif de verdure, ornée d'un perron et d'un péristyle, la chapelle dédiée à la Vierge sous le vocable de *Notre-Dame de Casa-libus*. Bâtie en 1440, elle a été reconstruite en 1816 dans un style plus régulier et des proportions plus grandes. La voûte est peinte d'azur et parsemée du chiffre en or de Marie.

A quelque pas, sur un rocher escarpé qui s'avance en forme de promontoire, accessible par un côté seulement, se trouve la chapelle de saint Bruno, érigée à l'emplacement même de son oratoire. Au pied du rocher jaillit une source très-abondante, dont on attribue l'origine aux prières du saint. Ce site pittoresque et solitaire a été reproduit par le pinceau des plus habiles paysagistes.

Saint Bruno avait choisi tout exprès l'endroit le plus sauvage et aussi le plus sillonné par les avalanches de cette profonde solitude, pour se livrer à la méditation et à la contemplation des choses divines. Il n'eut pas cependant la consolation d'y mourir. Dieu le réservait à une épreuve de laquelle ne triomphent jamais les vertus communes. Il n'y a que les âmes privilégiées qui, pesant tout au poids de l'éternité, acceptent les honneurs comme un fardeau et le pouvoir comme une sollicitude et une responsabilité.

L'Église était déchirée par un schisme fomenté par un anti-pape appelé Guibert, que soutenait Henri IV, empereur d'Allemagne. Dans ces conjonctures difficiles, Urbain II se souvint de son ancien maître, dont il avait admiré la science et la sagesse, et le manda à Rome, en vertu de la sainte obéissance. Cette nouvelle fut un coup de foudre pour les disciples de saint Bruno. Mabillon raconte qu'ils étaient inconsolables dans leur tristesse, et que les échos de la *Chartreuse* retentirent des accents de leur douleur. Jamais père tendrement aimé ne fut pleuré de plus de larmes et plus sincèrement regretté. Le saint lui-même fut vivement ému à la pensée de laisser ses enfants dans un désert, et, dans l'effusion de son amour, il mêla ses larmes à leurs larmes. Mais le Souverain-Pontife avait parlé, et pour lui cette voix; venue de Rome, était la voix de Dieu, cette même voix qu'entendirent et à laquelle se montrèrent dociles *Pierre*, sur les bords du lac de Génézareth, et *Paul* sur la route de Damas. Urbain II l'accueillit avec affection et le traita toujours avec déférence, même en présence des souverains de la terre. Il n'eut qu'à s'applaudir de ses conseils et surtout de ses lumières aux conciles de Bénévent, de Plaisance et de Troyes, dans la Pouille. Saint Bruno, cependant soupirait sans cesse après la paix de sa solitude, et les magnificences de Rome lui paraissaient moins belles que les harmonies des éléments déchainés au sein des montagnes du Dauphiné. Urbain II ne voulut jamais se séparer de lui. A la fin, il lui permit de fonder une succursale de la *Grande-Chartreuse* à la Tour, en Calabre, sur un territoire qu'il dut à la munificence de Roger, comte de Sicile, grand admirateur de ses vertus. Saint Bruno nous a

laissé lui-même de ce monastère la plus gracieuse description.

« Je me suis fixé sur les frontières de la Calabre,
« écrivait-il au vénérable seigneur Raoul, prévôt de
« Reims, dans un ermitage situé à une assez grande
« distance de toute habitation humaine. Je suis là
« avec plusieurs religieux, mes frères. Parmi eux,
« quelques-uns sont remarquables par leur savoir.
« Tous attendent dans leurs saintes veilles la venue du
« Seigneur, afin de lui ouvrir quand il frappera à leur
« porte. Cette solitude est dans une position riante ;
« l'air y est doux et pur. La plaine spacieuse qui l'en-
« toure s'étend gracieusement au milieu d'une vaste
« enceinte de montagnes : elle est couverte de prairies
« verdoyantes et de pàturages émaillés de fleurs. Com-
« ment pourrai-je décrire cette perspective qu'offrent
« ces collines s'élevant en pente douce les unes au-
« dessus des autres, ces vallons couverts de fraîcheur
« et d'ombrages, ces fontaines, ces ruisseaux qui sil-
« lonnent la campagne, ces jardins toujours arrosés
« par des petits canaux, ces arbres qui portent en abon-
« dance des fruits si beaux et si variés.... Plût au Ciel,
« frère chéri, que cet amour de Dieu dans la solitude
« pût vous réchauffer de ses chastes ardeurs ! Si une
« fois il venait à s'emparer de votre âme, bientôt cette
« grande séductrice, la gloire du monde, vous parai-
« trait vide : vous rejetteriez, comme un fardeau incom-
« mode, ces richesses, dont la possession est toujours
« inquiète. »

C'est dans cette solitude qu'il mourut de la mort des
saints, au milieu des larmes de ses enfants spirituels,
le 6 octobre 1101. Saint Bruno fut un des docteurs les

plus célèbres de son siècle : le grec et l'hébreu lui étaient familiers ; il ne possédait pas moins bien l'Écriture-Sainte et les Pères de l'Église. Sa mort fut un deuil général pour toute la catholicité. Avant de l'appeler à lui, Dieu lui avait procuré le bonheur de revoir Lauduin, son successeur à la *Grande-Chartreuse*, avec lequel il arrêta les constitutions de son ordre : constitutions admirables, qui ont donné au monde le sublime spectacle d'une congrégation qui n'a pas eu besoin d'être réformée pendant près de huit cents ans : *Cartusia nunquàm reformata quia nunquàm deformata*, a dit un auteur étranger à l'ordre.

Le touriste qui aime les grandes émotions partira de la chapelle de Saint-Bruno pour faire l'ascension du *Grandson*. L'excursion est pénible, mais sans danger. Il contournera pendant trois heures cette montagne qui semble surplomber sur la *Grande-Chartreuse* et dont le sommet fuit toujours à mesure qu'on approche du point culminant ; quand une barrière de nuages ne cache point le soleil, la vue est admirablement belle. On domine tout une chaîne de pics, de crêtes, d'aiguilles entrecoupées de vallées profondes, de plaines ondulées. De tous côtés, s'ouvrent béants des abîmes. Ce splendide panorama a pour horizon et pour couronnement les lacs bleus de la Savoie et les Alpes étincelantes de glaciers ; plus proche, on remarque le cours du *Rhône*, si rapide et si capricieux, et sur le devant de la scène, à une profondeur de 1,000 mètres, s'avance la *Grande-Chartreuse* pour former le fond du tableau. Le *Grandson* est à une hauteur de 2,030 mètres, c'est-à-dire à 144 mètres au-dessus du *Puy-de-Sancy*, le point le plus élevé du centre de la France.

La plupart des touristes , après avoir fait l'excursion du *Grandson* , se dirigent vers Grenoble , par la *Grande-Chartreuse* et la *Porte du Sappey* , passage entre deux rochers de plus de 900 pieds de hauteur , au dessus du lit du *Guiers-Mort*. C'est une des deux entrées principales du désert. Si nous prenons cette direction , nous aurons la bonne fortune de voir se dérouler devant nous la vallée du *Graisivaudan* , qui est , au témoignage de tous les voyageurs, la plus délicieuse vallée de France. Rien de plus riant , de plus riche que cette plaine *verte au printemps comme l'espérance , dorée l'automne comme l'abondance.* Cette vallée, dont la fertilité prodigieuse rappelle la végétation luxuriante du *Nil* , est tapissée de vignes ; plantée de mûriers, d'ormeaux et de noyers ; semée de colza et de froment , « sans que le cultivateur, dit l'éminent agronome Lullin « de Châteauvieux, prenne d'autre peine que celle de « sillonner le sol fécond pour y déposer la semence « qu'il lui convient d'y répandre. » Mille petits ruisseaux qui descendent des montagnes, arrosent ce nouvel Eden et vont se perdre dans l'*Isère* , dont les eaux jaunâtres et agitées contrastent avec la fraîcheur et le calme de la plaine. On pourrait dire d'elle, à l'époque où les arbres sont *blancs de fleurs et roses de boutons,* ce qu'un homme de génie a dit de Naples : « *Que c'était un morceau du ciel tombé sur la terre.* » Nulle part, en effet, une vallée comparable à celle-là. On l'appelle tout simplement la *Vallée,* comme si elle seule méritait de porter ce nom. Sa réputation, du reste, est ancienne. Le bon roi Louis XII la traversa en allant revendiquer l'héritage de son aïeule, Valentine, le duché de Milan, et, dans son admiration, il le proclama le plus beau jardin du tout beau jardin de France.

Il est cependant, pour le touriste infatigable, qu'une longue marche et des chemins escarpés ne sauraient qu'aguerrir, une course plus intéressante encore. Le voyageur intrépide qui a visité la chapelle de Saint-Bruno et le *Grandson*, lorsqu'il est favorisé d'un beau soleil, se dirige vers les Echelles, frontière de la Savoie, par la Ruchère et le Frou, à travers cols, crêtes, rochers qui dominent des précipices et des abîmes. A chaque pas, la scène change. Ici le paysage est gracieux, là il est sauvage. D'un côté, la végétation la plus riche; de l'autre, le désert avec sa stérilité. Insensiblement nous nous éloignons de la Chartreuse et progressivement aussi la terre perd de sa somptuosité, et les arbres se dépouillent de leur magnificence. Aux Echelles, les rochers et les montagnes auront repris leurs formes ordinaires. Encore 15 kilomètres, et nous voici arrivés à Chambéry, ville charmante, bâtie dans une situation agréable, et qui possède de beaux monuments et de splendides promenades. Avec son amphithéâtre de collines et de côteaux tapissés de vignes, ses maisons de campagne jetées çà et là, comme à profusion, sa culture parfaite, elle ressemble à Clermont-Ferrand. Aussi pittoresque est son site, aussi riants et fertiles ses environs. Deux choses frappent en Savoie : l'exquise politesse de la population et la pureté avec laquelle on parle la langue française. Et dans un autre ordre de choses, on pourrait dire aussi qu'à chaque pas que l'on fait, on retrouve les traces de saint François-de-Sales. Impossible d'évoquer cette grande et douce figure qui vous apparaît partout en Savoie, sans la saluer de la voix et du cœur. A 3 lieues de Chambéry, nous visiterons Aix-les-Bains, célèbre par ses eaux chaudes sulfureuses. Comme au Mont-d'Or, les Romains y avaient construit des thermes. C'est, dit-on, une des villes d'eau les plus fréquentées. Nous irons voir, à deux pas d'Aix-les-Bains, le beau lac du *Bourget*. De là nous pourrons même revenir à Lyon par un de *ces grands chemins qui marchent*, comme disait Pascal en parlant des fleuves, si nous renonçons à visiter cette fois la Suisse et ses mers de glaces. Un bateau à vapeur fait le service d'Aix à Lyon trois fois par semaine. Nous aurons le plaisir de traverser, sur un parcours de 3 lieues, le lac du *Bourget*. Nous saluerons en passant le monastère de Haute-Combe, le Saint-Denis de la maison de Savoie, adossé à la montagne du *Chat* et baigné par le lac. Un canal fait communiquer le lac et le *Rhône*, que nous descendons à toute vitesse........ Partis à 8 heures du matin, nous arrivons à Lyon à 4 heures du soir.

L'Abbé DUMONT,

LICENCIÉ EN THÉOLOGIE.